A las venas de
mi madre

Copyright © 2026, Diana Soberanis Mena

A las venas de *mi madre*

Autor: Diana Soberanis Mena
Ilustración de portada: Kim Pantaleon
Diseño de cubierta: Kim Pantaleon
Maquetación y diseño de interiores: Michelle Barrera
Corrección y edición: Eduardo Sosa y Olivia Ortiz

Copyright © 2026
ISBN: 9798248418572
Sello editorial: Independently published
Todos los derechos reservados.

Queda estrictamente prohibida, sin autorización previa la reproducción total o parcial de esta obra por cualquier medio o procedimiento, ya sea electrónico, mecánico, fotocopiado, grabación u otros.

No se permite la distribución, comunicación pública, traducción, adaptación ni transformación de este libro, en ninguna forma ni por ningún medio, sin el consentimiento expreso del autor.

La infracción de estos derechos constituye un delito contra la propiedad intelectual sancionado por la ley.

Para más información sobre la autora y su obra visita su red social.
Instagram: @dianasoberanism

A LAS VENAS DE MI MADRE

Diana Soberanis Mena

En memoria de María Mena

EL PRIMER DÍA

Escuché el llanto de papá
que pensaba extinto…
Tiene cáncer mamá
dijo,
con el eco de su herida,
y me eché a llorar.
Yo estaba de viaje
y no pude
correr, abrazarla
meterme
hasta el fondo de su ser
como alguna vez lo hice
para esconderme del fuego
abrasivo de la incertidumbre.
Mamá, vas a estar bien
le dije
y toda la saliva de su pánico
la mordió
y no le permitió
decirme
vuelve pronto. Te quiero.

EL INNOMBRABLE

Nadie quiere nombrar al que te acumula cadáveres de células entre tu hígado y vesícula. Decir su nombre derrama navajas de cianuro sobre la lengua, y un tanto más, indiscreto, sobre nuestra fe desplomada.
Ojalá pudiera hacer que desaparezca tan solo porque no recito las letras que lo identifican. Cuando quiere asaltar mis cuerdas vocales y resonar a través de mi voz, lo detengo. Pienso en cosas contrarias a él, algo que prohíba la desilusión y acumule besos entre las llagas del pánico.

Can...

Canciones de José Luis Perales, canarios sobre la ventana, canasta de pan recién horneado, canoa de pétalos emergentes.

A ratos sirve. Sobre todo, cuando sonríes ligero y te confundo con los tejidos de una balada. Te digo «mami» y me sostengo de esa palabra tan real.

Esto resulta, de vez en cuando. Sin embargo, yo sé que no puedo detenerlo con palabras. Está ahí, fuerte. Te derrumba y la tristeza se fuga descarada...

Yo solo sé regalarte un par de letras: te quiero, aquí me tienes, podemos.

Después, me escondo entre estos garabatos que, podrían parecer, y tampoco es que lo quiera, un poema.

DESDE ESTE LADO

Tienes razón, mamá
no logro entender
el sufrimiento que te habita;
pero no hablo desde su boca
sino con la retórica del mío.

Tal vez sea inferior,
aunque existe, turbulento,
como un parásito intangible;
mi dolor, hijo del tuyo:
déjalos que se abracen
y se fundan
en la costura de un átomo,
un escándalo irrepetible
que solo escuchará
a quien le duela tanto
leer este poema
como a mí redactarlo.

CANGREJO

Cuando desperté el cangrejo todavía estaba ahí...

Lástima que cuando amanece, uno palpa la realidad diluida entre el café soluble y las bacterias sobre los restos de los platos sucios de la noche anterior. ¿Por qué no desaparece?... Cuando sus pinzas comenzaron a causarte gastritis, distensión abdominal, entre otros achaques, tuvimos que recorrer los hospitales como si se tratara de una degustación de pan. El canijo se reveló extenso. En la radiografía sus once centímetros parecían la totalidad de tu dorso. Su raíz es la vesícula, aunque ya había caminado hasta tu hígado y, si nos tardábamos un poco más en descubrirlo, hubiera erguido su cuerpo cartilaginoso hasta tu estómago.

Desde febrero tuvimos que comenzar a combatirlo. Hemos echado químicos mordaces en el intento por destartalar al cangrejo maldito, sin embargo, han tenido que mordisquear el resto de tus células. Se han probado tés, rezos... y yo hasta he querido inyectarte poemas que escribo no porque quiera, sino porque es mi forma de sobrevivir; pero él finge: creemos que perece y regresa.

En junio la doctora dijo que de once centímetros ahora eran 4. Nos hizo sentir felices porque otro doctor, que ahora no podemos costear, había mencionado que en los 3 centímetros ya era posible abrir tu cuerpo para extirpar al cangrejo. Me hizo ilusión poder tenerlo enfrente y torturar sus restos. Someterlo, echarle ácido muriático, maldecirlo un par de horas y quemarlo para, finalmente, esparcir sus restos en un terreno baldío. Ahora dicen que no; no sé si se ha mutado, si entre la paliza que le brindamos ha desarrollado poderes invencibles... El caso es que no se puede sacar. Y henos aquí llorando cada uno a su manera: papá fuma; Miguel escucha música con alto volumen y yo escribo esto que no se siente arte sino calabozo.

Creíamos que los monstruos habitaban debajo de la cama, que eran macizos y extravagantes. Ahora sabemos que se anidan debajo de la piel, silenciosos, hasta que su macabro crecimiento aturde el recorrido habitual de las células y acumula sus cadáveres como una daga incompasiva. Hemos prendido la luz, corrido, gritado, pero continúa dentro de ti. La doctora sentenció tu materia. ¿Realmente el cangrejo será más fuerte? Ella dice que no hay forma de derrotarlo, solo habrá que batallar hasta que tú, y no él, resistas. Hasta que ninguno de nosotros sea capaz.

Qué me queda sino volver a soñar y esperar que, cuando despierte, el cangrejo ya no esté aquí.

ESTAR BIEN

Uno tiene que estar bien para el enfermo,

no quejarse mucho

¿qué podrías reclamar?

No es Lazarillo quien padece

sino el ciego a quien sostiene.

No me mal entiendan:

sé que no se trata

de brincar sobre la llaga

o ponerle ácido al abismo;

solo me permito expresar

(hay que admitirlo)

que uno está

que se lo lleva la chingada:

enojado, en cataclismo;

la verdad no recuerdo

haberme peleado tanto con mi padre

hasta que enfermó mamá.

Los reclamos van y vienen

como navajas miniatura:

que quién ha puesto más de su parte

que quién irá a la consulta

en su día libre

o incluso

tras la jornada laboral;

pero en el fondo nos amamos

y estamos echándonos los gritos

que merece el cáncer

y reservamos

cuanto podemos

para que no escuche mi madre

porque ha enfermado

y necesita

que estemos bien.

Pero no lo estamos.

AJOLOTE

Tengo un miedo verídico

aplastado

al verbo que me falta

verbo sanar.

Temo las implicaciones de su ausencia

el sendero que no habita

                                                            su casa tan lejos de la mía.

Me asusta porque no quiere

no puede:

  huecos que obligo a estar callados.

  Lo que mi abuela no gritó.

Ahora mismo

    se   rom   pe

como un diente de leche

el bastón de mi esperanza

porque escucho a mi madre vomitar...

efectos de una quimioterapia

que parece benigna

pero no tiene piedad.

Me asusta el verbo que no tengo.

No logro atraparlo

y dárselo a mi padre

a ver si deja de fumar;

a mis hermanos

para que lo usen

como remedio casero

(dos gotas para el insomnio

y tres para la vida nupcial).

Si el verbo fuera mío

lo inyectaría en la infancia de mis padres

en el ojo vacío

del abuelo que no tuve

en la incertidumbre de mi voz

que abrasa flores.

Pero no tengo siquiera

fortaleza.

¿Qué sigue?

Pedirle a Dios

ser ajolote,

agua del costado izquierdo,

inteligencia artificial.

¿Qué me espera?

Temblar

en la expectativa del verbo que no llega.

Darle tres besos a mi madre

decirle

venceremos el cáncer.

Darle a mi padre un chicle

y mis oídos

(tal vez acabe la ansiedad).

Sanar

te espero

Si me das miedo es porque no estás.

TRATAMIENTO

Llegamos a las tres de la tarde

a tu primera quimioterapia.

Temblabas,

llorabas,

sin necesidad

de tus ojos.

Pensé en todas las veces

que la niña enfermiza que fui

llegó al amparo de tu pecho.

Pero ahí, enfrente de la camilla,

y del olor a medicamento,

dejaste de ser mi madre,

y te convertiste en la pequeña

que se extravía en el supermercado,

que suplica dormir con la luz prendida.

 La aguja traspasó tus venas

para verter en tu cimiento

al infierno que destruye

para intentar salvarte.

El río que diluye,

que ahoga tu vida

para sostenerte,

para sostenerme...

El abismo al que no caes

sino al que te aferras...

A LAS VENAS DE MI MADRE

I

Las oí gritar

y pensé en ellas

como dos niñas perdidas

que todavía no descubren

las ráfagas de octubre.

Pensé en mi madre

—también una niña—

que teme a la noche

y a la comida con sal.

Pensé en su cuerpo tendido

                                                hundido

como una libélula que destruyó el viento,

o una mariposa tuerta que olvidó sanar.

Sé que soy cobarde al decirlo,

pero esa imagen de niña desgarrada me asustó;

quise correr donde mi madre,

esconderme tras su espalda,

aunque el grito fuera de su voz…

Por eso, aquel día en el hospital,
renuncié a ser una niña, su niña.
La tomé con recato,
esperanza volátil,

                                                  hundida.

Quise decirle que yo era el mar,
significado desnudo de un beso,
licencia para volar.

En cambio, supe decir *Te quiero*
con una caricia leve,
tratando de convencer a sus venas
que soy más poderosa que el catéter,
que soy más fuerte que el lamento
vertido entre sus células.

De algún modo,
con el andar discreto
de mi mano por encima de su piel agujerada
lo que dije fue
Está bien si tienes miedo
y está bien
si te escondes tras mi espalda.

II

Hay algo en tu cuerpo

que no traspasa la aguja

¿será aquella niña

carcomida por un grito?

Niña con la huella

de una esperanza oculta.

Ahí va la niña:

No quiere ser traspasada.

que no se revele

en su canto con sed,

la oquedad.

Sé que la promesa

del abrazo compasivo

pocas veces llegó;

pero esta vez, niña,

deja al líquido asesino

entrar al suspiro

de tus venas con dolor.

Te prometo que al terminar

el voraz martirio

encontrarás a tu hija

con abrazos de otro tiempo,

reunidos con el amor

de mis días triturados

sin la voz de tu sonrisa,

a veces pausada,

a veces con prisa.

Encontrarás en tu hija

el abrazo que hizo falta

a tu niña carcomida.

III

No sé a dónde huir.

Papá luce como una maraca rota

que extravió los pequeños pasos

de su melodía.

Y tú estás ahí

como el ave que entró a una casa

por equivocación.

Y yo te digo

—les digo—

que todo irá mejor.

Aunque no sé

lo que esas palabras significan,

ni la caducidad de una fe

que no sabe gritar.

Pienso más en ti

cuando un ser tupido me muerde;

un ente con sabor a mar podrido,

a caricia sin lugar.

Sé que antes lo tuve de frente,

pero que nunca me habló,

no de este modo sin filtro.

Esta vez lo miro con descaro

y él me mira con vergüenza.

Es el miedo

(tengo miedo).

Dice que no tiene la culpa

de haber extendido sus manos

hasta el fondo de mis huesos

el día en que descubrimos tu enfermedad.

Ahora, aquí entre mis brazos,

me mira con ligereza.

Dice muchas cosas que no entiendo:

que está bien si lo padezco,

si se acribilla entre mis venas;
y si es la fisura del poema
la forma que encuentro de escapar.

IV

Pero todavía creo
en el azul aturdido
que sostiene tus arterias;
y en la sonrisa pequeña
que aparca de tu corazón
el huracán aplastado.
Creo en la melodía tenue
de tu canto en las mañanas
porque resuenas
como una canción atascada
en una radio sin señal.
Creo en la fortaleza
de tu infancia aturdida.
Sé que eres,
en el fondo de tus venas,
la niña que nunca se rindió;
la niña que supo dar caricia,
aunque detrás de la ventana,

revoloteaba desamor.

Creo todavía

en algo que nos sostiene

sin columna vertebral.

Creo en la mujer que eres;

y que aquel monstruo que nació

en la ingenuidad de tu vesícula

pronto emigrará.

Nacerá entonces

desde el silencio de tu herida

una balada

que sabrá volar.

SÍNDROME MANO-PIE

Las manos y pies de mamá
cambiaron de color;
ahora parecen estanques de olvido,
alas de murciélago calcinadas,
arena de un puerto que se asfixia.

Ella llora, mientras observa sus dedos
que simulan un río incinerado.
El médico informó
que se trata del síndrome mano-pie:
vasos sanguíneos que se rompen,
piel hundida en resignación:
un ente que drena ferozmente,
la tinta vivaz de una caricia.
Una tarde, mientras duermo, ella se acerca,
me dice con voz que parece diseca
Qué pies tan vivos tienes, hijita.
Llora otra vez, mientras observa sus extremidades
de quienes ahora siente vergüenza.
Finjo que no la escucho
que sus palabras no se hunden en mí

como anclas en un mar de cemento.

Dios sabe cuánto daría

por brindarle mis manos

por pintar cada uno de sus dedos

con el color de su entereza.

Pero no lo necesita.

El síndrome mano-pie

no ha cambiado lo que ocurre

cuando ella me sostiene

y me hace creer en lo imposible.

UN DÍA NORMAL

Cumpliste cincuenta y un años.

Cuando soplas la vela del pastel

imagino cuál habrá sido tu deseo.

A lo mejor quieres regresar

a la danza que la vida adulta te arrebató.

A las tardes en tu barrio

cuando el futuro se veía más tierno.

A tu primer beso,

los momentos donde fuiste tú

más que madre,

más que esposa.

Quizá pediste

ser testigo de cómo crece

tu primera nieta

o cómo me voy de la casa

porque encontré

un trabajo mejor.

¿Piensas en ese viaje con papá?

¿En volver a estudiar?

Pero temo que nada de ello,

sea suficiente antídoto...

Que la incertidumbre que te rebasa

hable por ti...

Como hace unos días

cuando el tratamiento

te causó un desmayo

y pediste a gritos

que la vida se acabara...

Pediste que el dolor

ya no sea el tirano

que somete a tus entrañas...

Pediste irte...

Lo único que yo quisiera saber es...

¿Qué fue lo que realmente deseaste

al apagar la flama?

CASA ABANDONADA

Desde hace un tiempo salir de casa resulta escalofriante. Regreso al menos dos veces, incluso tras haber caminado algunas calles, para saber que todo está bien. Reviso que no haya luces encendidas, que todo esté desenchufado: plancha, ventilador, bocinas. Ningún utensilio que pudiera causar una explosión. Examino el suelo, que no esté regado nada que pudiera intoxicar o atragantar a nuestro perrito. ¿No hay fuga de gas? ¿No hay una ventana abierta que permita la inundación si comienza la lluvia? Empujo de tres a cuatro veces la puerta, a lo mejor, quién sabe, no la he cerrado bien.

No quiero dejar la casa sola. No es porque el exterior me asuste, no es por temor a emigrar… es solo que me da pavor regresar a sus paredes y que estén incendiadas, que no me reciban los ladridos y furor de nuestro pug, que por dentro todo esté vacío, como si la casa, mamá, la casa estuviera abandonada. Pero nunca fue así este miedo, como desde que enfermaste. Tú eres el hogar del que me alejo, porque sí, porque la vida me sobrepasa. Te quiero segura al retornar. No sé qué haría si en mi regreso te encuentro hurtada: con tus ventanas rotas y tu espíritu ahogado. Como si fueras una casa, mi casa, abandonada.

CERTEZAS SOBRE MI CORAZÓN

I

Mi corazón es un farsante:
no es fuerte   ni se acerca.
Tiembla más de lo que puede rezar.
Llora al menos
cuarenta y cinco minutos al día
y duerme hasta las seis.
Tiene un silencio torpe
atascado en la pestaña
y un antifaz de ternura
para ocultar las ojeras
y su constante anhelo
de llorar un poco más.

II

Me levanté a las seis de la mañana,
pero mi corazón no despertó.
Le gusta ser amable
quizá por eso
nadie escucha

la fractura en su ronquido
como súplica de un niño sin recreo,
que huye en la raíz de mis latidos.

A mi corazón le gusta estar ahí
en el lugar donde nada es cierto:
ni el pez con muslos de venado
ni el sol tomándose un refresco
y menos   mucho menos
el dolor de espalda,
el crédito vencido,
la traición o los enfermos.

Con cuidado. No hagas ruido.
Aún no quiere despertar;
la luz sigue apagada
pero él no logra descansar.

No tengo mucho qué ofrecerle,
aunque me esfuerzo
con mis palabras honestas,
en esta canción de cuna postrada
en una lágrima sin adiós:
ellas mantienen   la puerta cerrada
para mi débil corazón.

III

Otros días   en cambio

mi corazón pudre los sueños:

el insomnio tuerce

el motor de su esperanza.

Se acuesta a las diez,

pero no logra rendirse

¡solo rendirse!

Correr más de lo prohibido.

Da vueltas en la cama,

grita un par de horas,

bebe un vaso con leche

y reescribe un cuento de amor.

Pero nadie escucha

porque sé callarlo…

y él conoce técnicas sofisticadas

para aguantar sobre los hombros

hasta nueve kilos de tristeza.

Por si fuera poco,

mantiene con valentía sus arterias

ante la realidad con huecos

que intenta succionarlo:

que no lo deja escapar.

LOS PASILLOS

Dicen que aquí, sanar es posible,

pero el fétido de la muerte se ve

en los rincones de las cortinas verde,

en los pisos relucientes

y el sabor etílico

que pellizca.

Mamá lleva unos días aquí.

Dentro de estas paredes

Las horas no funcionan igual:

uno no sabe

si es tiempo para una siesta,

barrer bajo la alfombra

o destilar veneno.

Aunque afuera es de día

y el mundo corre sin cuestionar,

me siento presa de la camilla,

del aroma a desinfectante,

del crujir punzante

de la sonda.

Quizá por eso, mamá duerme,

casi de manera religiosa;

porque es su cuerpo paralizado

lo que detiene mi panorama;

su vejiga que ya no puede sola,

las explosiones en la muñeca

para verter suero,

la imposibilidad de ir de un lado a otro

sin el visto bueno del enfermero.

Entre los pasillos, es su cuerpo

el que detiene las manecillas,

de un reloj que pasa sin remordimiento

al que me aferro sin saber

Si habito el momento

o me desaguo con él.

EL LUGAR PARA LOS SUEÑOS

Los hospitales, en realidad,
son un buen lugar para los sueños.

Lo veo así
porque he dormido poco,
aunque en mi mente
y el cimiento de mi espíritu,
a mi madre le brotaron alas,
le crecieron nardos en el iris,
en lugar de estos tumores malignos.

Se llenaron de amapolas
las grietas en su vesícula,
la invasión en el hígado.

Sus riñones viven en paz,
todo fluye
como un mar de colibríes:
nada obstruye su vejiga
ni esta ilusión mía

      que se destaja
      entre la penicilina
      y el turno de cuidado
      que no se acaba.

LA NOTICIA

Mamá ha muerto

le dije a mi hermano;

sus ojos abrieron

como el fantasma

de una alcantarilla

y el agua más negra

brotó de su interior.

Un hombre,

detrás de nosotros,

a quien no conocíamos,

también se afligió.

Tres palabras de las que huimos

como de un tsunami,

como de un jarabe amargo;

pero ahí estábamos

medio huérfanos

mi hermano y yo:

ahogados,

con el enojo de la lengua,

alcanzados.

EL LUGAR A DONDE SE FUE MI MADRE

I
A dónde habrás ido
cuando las vigas
de tu peritoneo destrozado
echaron sin milagro
el cimiento de tu razón.
El día en que tu cordura
se perdió eternamente
mi fe quebró su espina dorsal.
Aquel lunes de enero
el miedo me habló en la recámara
doscientos tres del hospital:
tu mirada no logró reconocer
el nombre de mi vida
yo quise decir
mamá, soy tu hija
pero no sabía si estabas ahí
atascada en algún pasillo
con los restos de palabras
vacías de tu corazón...
eras un grito en pedazos,
un rasguño de clamor...
Y eras mi madre
la que siempre me salvó,
y yo era tu semilla
pero no pude...
¡No pude!
Tomarte de la mano
llevarte
hasta la puerta de la casa
y curar
tu entraña diluida.

II
Espero que explote
el cimiento de la luz

adentro de tu pecho
(en lo intangible
ahora de tu pecho);
espero que no exista más
lo que se enrosca en la vida
como boa de cemento,
que no duela tu vientre
donde fui antes de ser.
Espero que toques la piel
de un vals en otro universo,
que mires colores que no existen
en el camino donde tropiezo.

Espero volverte a encontrar
en ese lugar donde el cáncer
es una mentira
y tu sonrisa la única verdad.

TACONES DORADOS

Los últimos tacones que mamá calzó

me observan desde la esquina

y me gritan el vacío de sus pies...

Los tomo, entre mis manos entumidas,

tratando de llenar

los pasos que su cuerpo abandonó.

Tantas preguntas me atraviesan

y se amontonan sobre mi dolor

como polillas en un foco encendido:

¿de quién son estos zapatos que deambulan

en una habitación donde ella no descansa?

¿De quién son los perfumes en la repisa,

sin un cuerpo donde aterrizar?

¿De quién es esta hija que no encuentra

el tacto de sus células primarias?

Y así, como estos tacones que ya no son de nadie,

¿de quién soy yo tras su partida?

¿De quién somos

cuando lo que amamos

se va?

PÉSAME

I

Que sea fuerte, me dicen,

pero no quiero,

no puedo.

Sé que hay bondad

en tal afirmación obligada

por corazón -o cortesía-,

pero murió mi madre

y se abrieron

habitaciones de tortura

en el rizoma de mi voluntad.

Me diluyo hacia todos lados,

no anclo en ninguna parte;

mi alma está en un circo

donde el absurdo es presidente,

donde es tuerto el navegante

y el faro emite óxido sin luz.

Ha muerto mi madre

y no soy fuerte.

No quiero.

II

Pronta resignación, me desean,
como si no fuera lo único que tengo,
la única certeza que sostiene
mis vértebras invisibles
que a duras penas
no se desbaratan,
la única cosa irreversible
además de tu muerte.

MORTAJA

Tengo una pesadilla que caduca

cuando me llega algo de paz,

y renace con fuerza

cuando intento descansar.

Casi a nadie le he hablado

de esta tormenta,

de esta laguna que se abre bajo mis pies,

que me hunde (y no sé nadar).

Vi el desecho de mi madre,

dentro de una mortaja

(una tela protocolaría

que, a simple vista, parece

una bolsa para basura),

encapsulada,

como algo que, en un instante,

ya no tiene espacio que ocupar;

como algo que se saca del refrigerador

porque no alimenta más,

como algo que para el hospital es

un número del sistema

y para la funeraria

un ingreso en la cuenta bancaria.

Quisiera tomar esa imagen

que me persigue cada vez que intento soñar,

sea de noche o de día,

y sacarla para no verla nunca más;

así como los pasillos del hospital

arrojaron el cuerpo de mi madre

dentro de una mortaja.

*

Cada noche, algo me persigue:

tsunamis, extraterrestres, criminales…

Finjo que no sé qué es realmente

de lo que quiero escapar.

ALGO NUEVO

Tengo un celular que va

cada vez más lento,

se atora cuando navego

y a veces no sabe si lo apago

o lo enciendo.

Lleva años conmigo,

Y tal vez podría comprar otro

pagarlo con la tarjeta de crédito...

pero no me atrevo a vaciarlo,

sacarlo de la vida que ha capturado.

Tengo miedo de la facilidad

Con las que las cosas

simplemente se van,

del cómo nos deshacemos

de lo que un día fue

todo lo que nos daba felicidad.

FRAGMENTOS DE ALCATRAZ

Nunca quise escribir sobre tu muerte,

pero es la forma que encuentro

de no morirme yo también;

de excavar residuos de alegría

entre la ropa que doblé

esperándote

afuera del hospital

Los días siguen su transcurso,

van a pasos chuecos

sobre un bastón roído

y fragmentos de alcatraz.

Porque así se siente,

lo confieso

y no es cierto lo que dicen:

el tiempo no sutura, al contrario

          pasa lento

como los días en una celda

con ataúdes de crisantemo;

como el náufrago que tropieza

en el cadáver

de un faro sin enmienda.

EN EL UMBRAL

Desde afuera, nuestro perrito

Se niega a estar

donde tú te has ido.

Mientras doblo la ropa

que ya no vas a usar

le pido que entre,

que no me deje sola

en el vacío de un espacio

que fue tuyo

pero donde ya no existe

ni un vestigio de tu respiración...

O tal vez sí lo hay

y el pequeño ser

de cuatro patas

logra percibirlo.

Quizá siente

esos pequeños residuos de materia

que le dicen que son eso,

restos, lo que queda

de lo que ya no es.

Lo llamo de nuevo,

pero llora
mientras mueve la cola
y se queda en el umbral.
"Está bien, no tienes por qué hacerlo",
le digo con honestidad.
Porque es cierto
que la ausencia tiene cuerpo,
pero no materia,
y te atraviesa.
Sabes que te toca, hasta el fondo,
sin permiso: magrea hondo, feroz...
Pero no hay nada
que uno pueda hacer
contra algo que te aplasta
sin peso ni gravedad.

NO SÉ A DÓNDE

Ahora mismo que estoy triste

y hay goteras en mi incendio

no sé a dónde ir a buscarte.

¿Qué hago entonces?

Si tu cuerpo ya no existe

para tomar la siesta,

comer pan de saramuyo

e ir de paseo a la catedral.

Ya no eres la materia

donde residí

hasta los siete meses,

donde mi alivio descasaba

pasado mi tiempo de los veinte.

No eres el cuerpo de mi madre:

sólo un polvo triste

como la arena sombría

donde los niños corren sin zapatos

a través del parque...

Descuartizo de polvo,

guardada en el nicho

donde no puedo ir a llorarte

a decirte que estoy triste

porque has muerto

y no sé dónde encontrarte

LA CASA

Desde hace unos días

la casa llora.

Como a todo ser que palpita

se le atrofian los nervios

se le rompe la espalda;

pero este crujir

de(lirios) en pedazos

que infecta un desvelo atroz

no lo causó la tubería rota en el baño

ni la pared vieja del comedor.

Hay cosas fáciles de remediar:

la silla de costuras flojas,

la madera deslavada,

el sonido extraño del ventilador.

En cambio, otras,

no logran siquiera

la tregua de una cicatriz,

no la resarcen plomeros

ni las cubre una lata

de pintura con barniz.

Cosas como tu cuerpo

que no mece en la hamaca,

que no existe para dar un beso

ni costura mi piel ajada;

canciones de Montaner

que no avivan tu garganta,

la puerta

que no abre a tus pasos

por más que el perrito

te espere en la sala.

Tu alma emigró...

la casa escupe sangre callada:

papá enciende veladoras,

mi abuela reza sin descanso,

la linterna de tus hijos se apagó...

Desde el día en que te fuiste

hay algo

que no encuentra reparación...

y nada es más tenebroso

que un golpe

que no logra suturar.

Lo confirma la caja de tu ceniza

y el acta de tu defunción...

Pero todavía más

el abismo de estas paredes

que ya no parecen casa

desde que tu partida

dejó este algo

que no se repara.

BÁLSAMO

1

Los días transcurren
y el tiempo no logra
la encomienda extenuante
que le fue asignada;
al contrario, mi tórax amplió su condena
de magnolias degolladas.
Lo diré simple, pero fatal...
te extraño
aunque han pasado algunos meses
a partir de que tu muerte
atascó mi sangre en un bucle
de memoria insípida.

El reloj está callado
y el ruido viene de mi núcleo:
no es cierto
el tiempo no es al bálsamo
que me prometieron.

2

Escribo

en contra de mi voluntad,

obligada por este dolor

que pide irse

a donde sea,

pero irse

porque mi espacio

no lo soporta ya.

Escupo cúmulos de fisuras

que no se miran,

pero huelen a las llagas

de este no saber

a dónde mirar

para no estancarse;

quiero pensar que mañana

esto seré menos caótico;

hoy, para mi mala suerte,

no pesa menos que ayer.

Esta ausencia

-tu ausencia-

rebasa el ingenio de mi lengua,

el raciocinio,

y los días que se aglomeran

sin curarme.

          Escribo,

      no duele menos,

        pero escribo.

BLASFEMIA

No quiero que le digan

a estas letras coartadas

el nombre de poema.

No quiero que sentencien

¡Qué blasfemia!

Pero mi corazón no entiende

porque no fue escuchado.

Lloro en silencio al recitar

el padrenuestro

que no salvó a mamá;

ella me regañaría seguramente

por hablar así;

porque no entiendo la voluntad

de un ser benigno que, sin embargo,

permitió que agonizara

y después me la quitó.

Así lo veo este día

en que la fe en un aparato

que se siente caduco,

y las oraciones parecen

una estafa del auxilio.

Así se siente cuando evoco
las horas de agonía
donde su sangre la envenenó,
le arrebató la vida.
¿Será que Dios escuche ahora?
No quiero ser malvada
pero... si yo no lo entiendo,
tal vez él sí comprenda mi grito
que ya no es la súplica,
sino lamento.

VISITAS

Sueño contigo

y me abrazas

mientras lloro desgarrada

(Soy como una explosión

sin bordes,

una lluvia que no acaba).

Me consuelas con la fórmula

que solo una madre posee.

Vienes, desde no sé dónde,

y me dices que estás bien.

En tu regazo, efímero,

atascado entre mi cama y el despertador,

me consuelas por haberte ido;

regresas para decirme que,

a pesar de todo, sigues conmigo.

LECHE MATERNA

Miro a mi abuela
picar cebolla y cilantro;
su cuerpo diminuto
parece restos de viga
tras el bombardeo...
Pero es algo más sutil,
en silencio.
Es la madre que perdió
un retal de sí misma.
Una madre cuyo dolor
aún no sabemos nombrar.
Todavía no hay palabra
que se atreva a decirle a otro
que su hijo ha muerto;
no hay vocablo que sostenga la desdicha
de pintar a la madre
que llora sobre el ataúd,
donde se pudre el cuerpo
que fue de sus entrañas.
Aunque mi abuela tampoco
espera mucho de las palabras,
y saborea el mutismo endeble.
Mientras los frijoles hierven,
mientras corta chile habanero,
me pregunto si alimentar

a los hijos de su hija
es una forma de regresar a mi madre
al calor apacible de su pecho,
donde es capaz de protegerla
con el ropón de hambre apaciguada.
Después de todo, mis hermanos y yo
somos el rastro de su leche tibia,
la continuidad.

CONTINUAR

Mientras el tiempo continúa

y la vida me exige mantener

los horarios de oficina

y las cuotas mensuales,

me acostumbro paso a paso

a que no estás.

A veces olvido cuánto pesa

que tu ausencia gotee en las cortinas;

no porque el dolor se haya marchado,

sino porque la consigna de ser adulto

me obliga a silenciar el malestar:

ponerle a la hemorragia un curita,

ahogar el fuego con saliva,

navegar sin remos la vorágine.

El mundo no me deja tan solo

echarme a llorar tres días;

olvidarme del impuesto

y del horario laboral.

Afuera, lejos del calor de tus entrañas,

debo resistir y ser funcional;

aunque me triture la fortaleza,

la sombra de tu cuerpo que ya no existe,

el murmuro de tu voz que caducó.

Aunque esté irremediablemente triste

porque mi madre murió.

INQUILINO

Quisiera decir
que el dolor se ha ido,
pero no es así:
más bien
uno aprende
a vivir con él.

porque se anida,
se hace uno mismo
con el espíritu
como si fuera un brazo
o una pantorrilla;
como algo que, simplemente,
te habita,
te acostumbra.

Hay días que pasa
sasi desapercibido,
Otros, se derrama,
grita, explota
y tiembla,
sacudiendo todo
a su alrededor.

Hoy, aunque lo disimule,

mi inquilino perpetuado,

no está de buen humor.

SILENCIO

Regreso a hablarte por aquí

porque siento que cada vez

guardo más silencio;

Y no quiero que pienses

que no tengo mucho por decir;

al contrario,

todos los días miro

el chat que dejamos inactivo.

Pero últimamente, el ardor

de no encontrarte,

se ha hecho callar;

quiero pensar

que es como

cuando la costura

comienza a cicatrizar;

como un ruego

que ya está resignado

y no necesita vociferar.

Como el agua que ha hervido tanto

que decide escapar.

Quiero pensar, mamá,

que estoy sanando

y ya no necesito gritar.

MIRARTE

Fue difícil buscarte en mi corazón

y no encontrarme con la imagen de tu adiós:

camilla, máquina de diálisis,

monitor de signos vitales.

Una memoria que te extravió.

Un cuerpo que ya no era persona.

Era como hallarte

para atarme

a una pesadilla.

Tampoco voy a mentir,

aún aquellos instantes

de tu partida,

llegan como un enjambre,

como una jauría,

como una manada

de recuerdos salvajes.

Sin embargo, sé que eres

más que el dolor que te apartó.

Eres lo que dejaste,

lo que se quedó,

aún cuando no pueda plasmarse,

colgarse en la pared como una insignia,

o siquiera decirse entre estas líneas.

CAPITULAR

No le guardo rencor a la vida;

ahora la miro con mayor respeto.

La pienso como un columpio

que te sacude por un rato

y luego sube a alguien más.

La encuentro en los vaivenes

de todos los días:

en la polilla que va tras la luz;

los niños que esperan el verano,

el oficinista que anhela

su siguiente quincena.

La encuentro también en lo diminuto,

aquello a lo que no solía prestar atención:

el ave que busca agua entre el asfalto,

la risa esporádica en el autobús;

la migaja que acarrea la hormiga,

las pequeñas arrugas que aparecen

debajo de mis ojeras,

o el balbuceo de una voz

que todavía

no se entiende a sí misma.

Veo la vida en lo que permanece:

Las charlas sobre la mesa,

los aniversarios que aún se recuerdan;

aquellas simplezas de lo cotidiano,

que se quedaron con ganas

de llegar a tus oídos:

que si a tu nieta se la cayó

el primer diente;

que si ya terminé la maestría,

que si papá ya tiene un nuevo trabajo,

que si queremos hacer un viaje

por mi cumpleaños…

Es ahí donde también está la vida,

tu vida que nos ha marcado,

tu vida que para nosotros

es más que un cuerpo incinerado.

Tu vida que se quedó

entre el calendario que aún miramos,

en las cosas que no te hemos platicado,

en los planes donde todavía te contemplamos,

en los días que siguieron su rumbo,

con tu recuerdo siempre habitando.

DOS DE ENERO

Desde hace algunos años ya, cada dos de enero, una pausa se inmerge en mi circulación. Aunque no quiera, regreso a ese tiempo sin manecillas, a ese espacio sin dimensiones, a la atmósfera sin gravedad… A la evocación de la herida expuesta, tajante: el día de tu muerte.

La memoria tiene albedrío propio y me lleva a cada garabato de tu despedida, sin que lo consienta. La memoria solidifica, al mismo tiempo que evapora; libera, mientras arroja grilletes; ahoga, cuando sus tejidos abrasan.

Pero he de decirte que, con el tiempo, he aprendido a navegar en el fuego, a caminar sobre el vacío, a volar encadenada. Entendí que el dolor es también una expresión de amor cuando la ausencia llega. Que también honra, recuerda y fortalece. Por eso, ya no huyo de él, lo observo, platicamos y hasta nos tomamos un café: porque él me recuerda cuánto te he amado, cuánto te ha buscado mi corazón y cuánto hemos sobrevivido.

Entre estás líneas serenas, hay recuerdos que se sienten como mercurio entre cada pulso, como oxígeno coartado… Pero también hay raíces que perforan el metal, silencios que edifican melodías, reminiscencias que costuran abrigos.

Con estas palabras, me reconcilio con el dolor. No diré que lo dejo ir, pues sé que está aquí, en una celda donde a veces ruge y a veces contempla. Le doy las gracias por ser la huella de cuánto amor me diste, de cuánto nos une la vida más allá del cuerpo.

Y, aunque hoy es el aniversario del día en que te fuiste, yo conmemoro y celebro, todo lo que aún haces llegar.

Dedicado a Miguel Soberanis Allen

Made in the USA
Coppell, TX
24 February 2026

72281106R00049